QUELQUES ÉPISODES

DE LA

RÉVOLUTION

Des 23, 24, 25 Février 1848.

Les amis du Citoyen Étienne Arago, se font un devoir de publier le feuilleton suivant extrait de la *Réforme*.

Ils engagent les compatriotes de ce vrai démocrate à appuyer de leurs suffrages la candidature de cet enfant du Roussillon.

Nous voulons raconter quelques-unes des scènes que la glorieuse bataille des trois jours a laissées dans notre souvenir. La Démocratie a le droit d'être fière : ses enfants, ses soutiens, étaient tous présents, découvrant leurs poitrines partout où était le danger, propageant l'enthousiasme républicain, offrant, pour le triomphe de nos saintes croyances, leur sang, leur vie, comme auparavant ils avaient offert leur repos, leur fortune, leur liberté. Ferdinand Flocon, Lagrange, Caussidière, Lesseré, Jouanne, Fayolle, tous les vétérans de l'idée républicaine étaient là. Nous voulons que la France sache ce qu'a fait pour elle chacun de ces hommes qui l'aimaient d'un amour si ardent et si dévoué.

Notre ami Étienne Arago nous pardonnera de mettre en relief sa personne et ses actes, pour inaugurer ce panorama. Nos lecteurs nous remercieront de leur avoir fait connaître des faits qui honorent les nôtres, et dont l'éclat rejaillit sur notre parti tout entier.

Un des républicains qui, dès le 22, jugèrent le mieux la situation, c'est Étienne Arago. Dans la salle des conférences de la chambre des députés, il disait à haute voix, avec le citoyen Flocon, qu'il n'y avait rien moins qu'une révolution au fond de la grande manifestation réformiste. C'est cette opinion qu'il développa encore au sein d'une réunion de républicains qui eut lieu le soir même dans les bureaux de la *Réforme*. Aussi, vers les dix heures du soir, alla-t-il avec le citoyen Gouache, pour visiter les barricades qui commençaient à s'élever au haut de la rue Tiquetonne. Quelques décharges faites par les gardes municipaux pour balayer la rue, les forcèrent à rétrograder; ce qui n'empêcha point Etienne, une heure plus tard, de recommencer sa promenade d'observation avec Charles Didier.

Dès le lendemain au matin, il quitta son logement avec Rebeyrolles et se porta, en habit de garde national, à la place des Petits Pères, où il chercha, avec une grande vigueur de langage, à faire prévaloir l'opinion que la garde nationale devait crier autre chose que : *Vive la réforme!* et exiger un peu plus que MM. Thiers ou Odilon Barrot pour ministres.

Mais Etienne Arago n'avait que son fusil; il voulut, par un adroit moyen, en procurer à quelques amis qui en cherchaient vainement. Pour cela, il commença par donner sa carabine, puis il se présenta successivement à plusieurs agglomérations de gardes nationaux, en s'offrant à eux comme un homme de bonne volonté. Sitôt qu'il était armé, il allait renouveler ailleurs son procédé d'armement particulier.

En manœuvrant de la sorte, le bonheur le conduisit dans la rue Tiquetonne, où le capitaine Jouanne réunissait ses braves soldats citoyens. Son expédient lui réussit encore; un nouveau fusil lui fut confié par un garde national qu'une indisposition retenait chez lui; Etienne Arago se mit alors dans les rangs en poussant des cris assez inusités encore, et qui, petit à petit, trouvèrent de l'écho parmi ses camarades fortuits, ensuite au sein de la foule, durant une longue promenade dans les rues et sur les boulevards.

Dans la soirée, vers sept heures, au moment où le mouvement insurrectionnel, un instant ralenti par l'annonce du renversement du ministère Guizot, reprenait partout son cours, la rue Bourg-l'Abbé fut le théâtre d'un des plus saisissants épisodes de nos trois immortelles journées. Refoulés et cernés de tous côtés par le flot populaire, cinquante gardes municipaux s'étaient réfugiés dans l'une des maisons de cette rue. La porte cochère, frêle rempart contre la toute-puissance populaire, les dérobait, pour quelques minutes encore, à la vengeance des insurgés qui avaient vu couler le sang de leurs frères sous les baïonnettes et sous les balles de ces défenseurs acharnés de la monarchie expirante. Frémissante et furieuse, la foule se pressait dans la rue, s'entassait aux abords de la maison, et du sein de cet océan humain s'élevait une clameur immense, prolongée, comme un mugissement de tempête et qui n'envoyait au ciel que l'écho d'un seul mot : VENGEANCE !...

La marée vengeresse montait, montait toujours, et à chaque seconde, le bruit de l'ouragan devenait plus intense et plus terrible... L'œuvre de mort allait s'accomplir, et le salut des cinquante soldats assiégés semblait désormais hors de toute puissance humaine.

En ce moment suprême, un garde national pénétra jusqu'à a porte de la fatale maison. Son nom, prononcé sur son passage par deux ou trois amis, desserrait et ouvrait les rangs devant lui... C'était Etienne Arago.

Il pénétra dans la cour, où arrivèrent aussi M. Ségalas, capitaine de la garde nationale, le colonel Husson, le maire du 6e arrondissement et quelques gardes nationaux.

— Que faire pour sauver ces malheureux ?

— Que l'on abatte une cloison de la maison où nous sommes et qu'ils s'échappent par une rue voisine, après avoir déposé leurs fusils.

— Mais le peuple sera furieux de leur fuite !

— Peut-être.... en tout cas, nous aurons fait notre devoir.

Cet avis ne prévalut pas.

Tout est fini, dit à Etienne un officier de la garde nationale qui venait d'arriver avec sa compagnie sur le théâtre de cette scène ; rentrons chacun chez nous ; le ministère Guizot est renversé,

— Rien n'est fini, tout commence ! s'écria Etienne Arago d'une voix vibrante.

Et la foule électrisée se presse autour de lui, comprenant

que la Démocratie s'est jetée dans la lutte, et qu'elle ne posera les armes qu'après la victoire.

Une longue demi-heure s'écoula pendant laquelle l'auteur des *Aristocraties*, tantôt face à face avec les gardes municipaux, tantôt ramené vers la foule irritée, épuisa ses forces à faire appel à ces sentiments de générosité dont on ne fait jamais en vain vibrer la fibre dans les cœurs français.... Il arracha enfin la grâce des condamnés ; mais le peuple, devenu juge et maître souverain, exigea impérieusement que ses adversaires vaincus sortissent désarmés et tête nue.

La porte s'ouvrit, et notre ami annonça aux soldats la volonté du peuple. La plupart hésitaient, ils croyaient la mort inévitable, ils voulaient garder leurs armes pour défendre chèrement leur vie, pour mourir en combattant. Leur résistance fut enfin vaincue par l'engagement formel qui fut pris par Etienne et par quelques gardes nationaux présents, de veiller sur eux et de protéger leurs jours. Le détachement se rangea contre la porte.

— Chapeau bas! cria la foule en voyant paraître les gardes municipaux qui défilaient conduits par des gardes nationaux.

— Chapeau bas! répéta Etienne aux prisonniers qui avaient franchi le seuil.

Les gardes municipaux paraissaient incertains.

— Chapeau bas devant le peuple! reprit-il d'une voix plus forte. Aujourd'hui c'est le peuple qui commande!

Officiers et soldats se découvrirent. Un petit détachement de cuirassiers, amenés par le hasard sur le lieu de cette scène, ouvrait la marche. Les gardes municipaux défilèrent un à un. Le dernier, le lieutenant Bouvier, avait pris le bras d'Etienne Arago. Quelques gardes nationaux et d'autres citoyens marchaient à côté des soldats désarmés. Un petit nombre de soldats de ligne faisaient imparfaitement la haie à droite et à gauche.

Cependant, à la vue de ces hommes qui depuis la veille avaient amoncelé autour d'eux les victimes, la colère du peuple se ranima. Dans les rues étroites qu'on traversait, les vestes et les blouses des prolétaires froissaient ces habits tout maculés du sang des martyrs ; ce contact ravivait le souvenir et la haine, et les soldats, pâles et frissonnants, sentaient incessamment des souffles ardents, chargés de colères et de menaces, brûler leurs visages ; des mots terribles, des cris de mort s'enfonçaient dans leurs cœurs comme des lames aiguës. A chaque pas, les interpellations menaçantes, quelquefois même les injures pleuvaient aussi sur Etienne.

—Ils ont tué les nôtres ! Livrez-nous-les pour que nous vengions nos frères.

—J'ai promis de les sauver, je les sauverai ! répondit le courageux citoyen calme et impassible. Je les sauverai ou vous me tuerez avant eux.

—Mais tu es donc leur complice !..... Tu as donc versé comme eux le sang du peuple !...

Pour toute réponse, Etienne disait son nom, montrait sa croix de Juillet ; et les hommes du peuple, pressés autour de lui, ne proféraient plus des menaces ; mais les plus éloignés, ceux qui n'entendaient pas, criaient toujours vengeance ! et nous tremblions que le généreux défenseur des cinquante soldats ne pérît avec eux, victime de son dévoûment et sans les avoir sauvés.

On traversa lentement la rue Bourg-l'Abbé, la rue aux Ours, une partie de la rue Rambuteau, deux faces du marché des Innocents, la rue Saint-Denis jusqu'à la place du Châtelet ; on déboucha sur le quai.

—A l'eau ! à l'eau ! les infâmes ! cria la multitude avec des voix et des gestes terribles.

Le lieutenant Bouvier se serra contre Etienne et lui dit avec un accent désespéré :

—Mourir !... mourir déchiré !... mourir en lambeaux !... et mon frère est tombé cette année en Afrique... et j'ai une femme, des enfants !...

—Du courage ! lui répondait Etienne, en lui serrant plus fortement le bras. Avant d'arriver jusqu'à vous, il faudra me tuer d'abord.

Une heure s'était écoulée, longue comme un siècle, quand, après une adroite manœuvre de la cavalerie qui arrêta la foule sur le quai, les gardes municipaux arrivèrent sur la place de l'Hôtel-de-Ville, garnie de troupes de toutes armes..... Les jours des soldats de la royauté étaient en sûreté.

On en vit alors se presser autour d'Etienne, l'entourer des témoignages de leur reconnaissance et le proclamer leur sauveur.

—Oui ! s'écria le frère de l'illustre astronome, oui, je vous

**

ai sauvés ; mais rappelez-vous et n'oubliez jamais que vous devez la vie à un RÉPUBLICAIN.... Demain, ce soir peut-être, le combat continuera dans les rues. Je compte sur votre honneur, vous n'enverrez pas de balles à mes frères !

Cet appel à l'honneur fut-il entendu ? Nous voulons le croire ; et le lendemain, à midi, lorsque les balles pleuvaient autour d'Etienne, combattant avec un enfant du peuple, sur la place du Palais-Royal, il est consolant de penser que pas un des fusils qui menaçaient sa poitrine n'était dans les mains d'un de ces soldats dont il avait conservé la vie, la veille, au péril de la sienne.

Dans la nuit du 23 au 24, vers onze heures et demie, en compagnie du citoyen Jeanty Sarre, Etienne Arago se hasarda jusqu'au carré Saint-Martin, où l'arrivée subite, inattendue de deux hommes armés au milieu d'une barricade, éveilla les soupçons ; le mot d'espion ne tarda pas à retentir à leur oreille ; bientôt leur mort fut demandée violemment par deux hommes furieux. L'un d'eux brandissait déjà une longue barre de fer sur la tête d'Etienne, le second arrachait un fusil des mains de Jeanty Sarre, quand les autres combattants s'interposèrent et arrêtèrent les bras levés pour frapper... Certes le généreux citoyen de la rue Bourg-l'Abbé fut bien près de recevoir une triste récompense de l'acte d'humanité qu'il venait d'accomplir, mais il s'expliquait cette terreur née tout à coup dans l'esprit de deux hommes de cœur : la police a si souvent joué un rôle infâme dans les luttes des barricades !

Le lendemain matin, à onze heures, après avoir fait élever des barricades aux environs de la *Réforme*, Etienne arrivait sur la place du Palais-Royal. Quelques citoyens, au milieu desquels se trouvaient nos amis Tisserandot, Baune, Caussanel, Bossens, Lagrange, Jeanty Sarre, Fayolle, étaient rassemblés devant le poste du Château-d'Eau, parlementant avec les troupes et les engageant à se retirer. Etienne s'adressa à l'officier du 14e de ligne qui commandait : c'était un homme de petite taille, aux traits fortement colorés, à la charpente vigoureusement assise.

—Retirez-vous, lui dit notre ami, épargnez à vos soldats et au peuple une effusion de sang inutile. Nous ne sommes que vingt à présent en face de vous ; dans un quart d'heure, nous serons cent ; dans une heure, nous nous compterons par milliers. La résistance est impossible , elle serait criminelle.

Vains efforts. Le capitaine, les officiers qui l'entouraient, les soldats même se retranchèrent derrière le devoir et l'honneur militaire. Leurs refus furent invincibles.

Le cœur navré, à la pensée de l'affreuse boucherie qui allait avoir lieu, notre ami s'éloigna par la rue Richelieu. Entre la barricade du Théâtre-Français et celle de la Fontaine-Molière, il rencontra M. Moriceau, officier d'état-major de la garde nationale, que précédaient de quelques pas le général Lamoricière et un autre officier d'état-major.

— Usez donc de l'influence que vous avez, lui dit M. Moriceau, pour faire reconnaître ici M. Lamoricière.

Et il nomma M. Arago au général qui s'avançait à leur rencontre.

— Général, lui dit vivement Étienne, il ne s'agit plus aujourd'hui ni de réforme, ni de régence ; cette fois nous avons la république et nous la tenons bien.

A un geste d'incrédulité que fit M. Lamoricière, Étienne reprit avec plus de feu :

— Oui, la république est à nous, et personne ne nous l'arrachera des mains ! Vous êtes un brave, général, et bientôt vous aurez votre place à la frontière, mais comme soldat de la république ; à cette heure, vous essaieriez vainement de vous faire entendre ; n'allez pas plus loin, car vos efforts seraient inutiles.

Après avoir encore échangé quelques paroles, le général et les deux autres officiers, revenant sur leurs pas, retournèrent du côté des Tuileries.

Quelques minutes après, Etienne serrait la main de quelques-uns de ses amis de la *Réforme*, les citoyens Caussidière, Chancel, Vigne et l'auteur de ces lignes, réunis près de la place des Victoires.

Au bout d'un quart-d'heure, nous entendîmes l'explosion de coups de feu dans la direction des Tuileries : il y eut un moment d'arrêt. Les décharges se succédaient plus rapides... C'était le combat de la place du Palais-Royal qui venait de s'engager.

Etienne s'élança le premier.

La rue Croix-des-Petits-Champs, par laquelle nous descendions pour arriver au lieu du combat, était encombrée de gardes nationaux et d'hommes du peuple armés. Des tambours battaient la charge. Au milieu de cette masse compacte de citoyens, nous fûmes séparés les uns des autres, et nous ne nous revîmes qu'après le dernier acte du drame.

Lorsque Étienne arriva sur le théâtre de la lutte suprême, la place du Palais-Royal était vide et nue. La majeure partie des combattans était échelonnée derrière la barricade qui barrait à la fois la rue Saint-Honoré et la rue de Valois. D'autres insurgés se tenaient derrière la barricade élevée du côté de la rue Richelieu. Quelques-uns occupaient les deux autres angles de la place, du côté de la rue du Musée et de la rue de Chartres. De part et d'autre, on faisait un feu terrible.

Étienne franchit la barricade de la rue de Valois, le fusil au poing, s'avança d'abord jusqu'au coin de la rue du Musée et revint lentement se poster au milieu de la place où il déchargea une première fois son arme.

Un enfant, un de ces admirables enfans de Paris dont la capitale a gardé pour elle le type, et qu'elle a baptisés du nom pittoresque de *titis*, voltigeait sur la place en appelant le peuple, en provoquant les soldats. Étienne le voyait alternativement à sa droite, à sa gauche, vis-à-vis de lui; et malgré la gravité de sa situation personnelle, il admirait du fond du cœur le courage insouciant de cet héroïque enfant dont l'épaule avait été entamée par une baïonnette ou par une balle, dont la chemise était ensanglantée, et qui là, à l'avant-garde, au poste le plus périlleux, armé seulement d'un sabre sous une pluie de balles, venait braver de nouvelles blessures ou une mort presque certaine; et tout cela parce qu'il avait du cœur, parce que l'odeur de la poudre l'attirait comme un aimant, parce qu'il était enfant de Paris, enfin....

Un homme du peuple qui traversait la place, tomba comme une lourde masse à deux pas d'Étienne, qui vit le sang et la cervelle fumer, mêlés sur le pavé. Le malheureux avait été tué raide d'une balle au front.

La fusillade redoublait; le Palais-Royal avait été envahi, et de nouveaux combattans, disséminés dans la cour d'honneur, commençaient à riposter aux défenseurs du Château-d'Eau.

Pris entre deux feux, exposé à tomber sous le plomb de ses frères d'armes, Étienne s'abrita entre deux colonnes du Palais et continua à faire feu.

Déjà les paillasses entassées devant le corps de-garde flambaient, et à dix pas du café de la Régence, quatre voitures de la cour, amenées sur la place, de la rue Saint-Thomas-du-Louvre, étaient aussi la proie du feu.

Ce fut alors qu'apparut derrière la barricade Saint-Honoré une compagnie de la 3e légion.

Etienne reconnut en tête le capitaine Jouanne, actionnaire de la *Réforme*. Il s'élança, lui tendit la main, l'aida à descendre, et l'amenant avec lui au milieu de la place :

— Nous emporterons le poste! s'écria-t-il, dussions-nous l'attaquer à la baïonnette.

Toute la compagnie avait suivi son capitaine. Derrière elle s'élança, ardente et empressée de prendre part au combat, la compagnie Lesseré, capitaine en tête....

En même temps, à l'autre extrémité de la place, nous voyons déboucher un groupe de combattans pleins d'ardeur, au milieu desquels nous reconnûmes notre ami Jeanty Sarre.

La lutte touchait à sa fin, car un quart-d'heure après le peuple était maître du poste. Mais en ce moment, la place du Palais-Royal offrait un spectacle d'une sublime horreur. A travers l'épais nuage de fumée qui enveloppait, comme un brouillard, toute l'étendue de la place, se détachaient les huit langues de feu, ardentes et rouges comme du sang, dont les voitures royales étaient le foyer. Plus loin commençaient à s'élever en tourbillon les flammes qui s'élançaient sur les murailles du corps de-garde, prêt à s'abîmer sous cet horrible et suprême embrasement.

Dans le demi-jour, on distinguait les mille têtes du peuple inondant la place; on entrevoyait briller les sabres et les baïonnettes; on entendait partir les décharges de toutes parts; de la barricade Valois, où notre rédacteur en chef, Ferdinand Flocon, avait fait depuis une heure un feu continuel; de la barricade Rohan, de la rue de Chartres, de la rue du Musée, de la cour d'honneur, des croisées, du milieu de la place, des fenêtres du corps-de-garde, où les soldats, aveuglés, à demi-étouffés par la fumée et par les flammes, tiraient encore, tiraient toujours....

Pour ceux qui n'ont pas assisté à cette scène, nulle langue humaine n'en pourra rendre l'effroyable beauté.

Le citoyen Lesseré, autre fondateur de la *Réforme*, tomba atteint par une des dernières balles. La prise du poste lui donna une terrible vengeance.

Quelques heures après, pendant qu'on proclamait la République à l'Hôtel-de-Ville, les voitures incendiées éteignaient leurs flammes, et dans un dernier jet de fumée s'envolait le dernier soupir de la monarchie.

Immédiatement après la lutte, après avoir fait une visite de politesse aux Tuileries, ceux des combattans qui appartenaient à la *Réforme*, soit en qualité de rédacteurs, soit à titre d'amis particuliers du journal, se réunirent dans le bureau et s'occupèrent sur le champ de l'organisation d'un gouvernement provisoire. Quatre noms furent d'abord choisis : F. Arago, Ferd. Flocon, Louis Blanc et Albert (ouvrier) ; puis on songea à se rendre maître de deux administrations dont l'importance était immense, celle des postes et celle de la préfecture de police. L'unanimité des citoyens présens désigna aussitôt Etienne Arago pour remplir les fonctions de directeur des postes, et Marc Caussidière pour occuper la place de l'ex-préfet Delessert. Trois citoyens s'adjoignirent à Etienne, pour lui servir, non d'escorte, mais de commission d'installation. Il lui manquait un soldat pour faire les quatre hommes et un caporal.

Beaucoup de gardes nationaux étaient rassemblés dans la grande cour de l'hôtel ; les rangs s'ouvrirent aussitôt qu'Etienne eût annoncé de quelle mission il était investi. Quelques instans après, il entrait dans le cabinet du directeur, M. Dejean.

— Au nom de la République, dit-il, citoyen Dejean vous êtes destitué ! Au nom de la République, je viens vous remplacer en qualité de directeur général des postes.

Mais... monsieur... dit M. Dejean, qui était debout, avez-vous une commission ?... un titre ?...

— Je n'en ai pas : j'ai ma parole.

— Mais... monsieur, cependant...

— J'ai ma parole ; je me nomme Etienne Arago.

— Enfin, reprit M. Dejean, après un moment de silence et d'hésitation : avant de quitter la direction des postes, je désire qu'au moins vous donniez votre signature, et qu'une pièce quelconque reste ici dans les archives.

— Volontiers! dit Etienne en s'asseyant dans le fauteuil de M. Dejean.

Et il apposa sa signature au bas de quelques lignes qu'il écrivit et qui contenaient la destitution de M. Dejean et sa propre nomination.

— J'ai fait une faute de grammaire, dit-il, en relisant ces quelques mots tracés à la hâte.... Pour un littérateur, c'est quelque chose de grave... Mais, ajouta-t-il en souriant, il est permis d'écrire en mauvais français, — quand on s'est battu en bon français.

— Maintenant, monsieur, dit l'ex-directeur avant de se retirer, il me reste une prière à vous adresser. Une de mes parentes, une vieille dame est ici... seule dans l'appartement voisin. Puis-je espérer...

— Monsieur, interrompit Etienne en se levant et avec un ton d'exquise politesse, Mme votre parente est sous ma sauve-garde, et je réponds sur ma tête de sa sûreté et de la sûreté de toutes les personnes qui sont à l'hôtel des postes.

M. Dejean fit un geste de remercîment et sortit de son cabinet.

Sur l'ordre du nouveau directeur, les employés supérieurs s'étaient réunis autour de lui.

— Messieurs, dit Etienne, il faut que toutes les malles partent ce soir.

Ces messieurs s'entre-regardèrent d'un air stupéfait.

— Les malles.... partir ce soir.... Mais M. Dejean a annoncé à la chambre que les lettres ne pourraient point partir.

— Il a dit cela en temps de monarchie ; et nous sommes maintenant en temps de République.

— Mais il y a deux cents barricades échelonnées d'ici jusqu'à chaque barrière.... c'est impossible !

— Les journées de février ont prouvé qu'il n'y a rien d'impossible en France. Si demain, à l'heure accoutumée, les lettres, les journaux, les dépêches, n'arrivent point dans les départemens, il y aura des flots de sang répandus peut-être sur tous les points du territoire, et la responsabilité de ce sang pèserait sur ma tête....... Toutes les malles partiront ce soir. On portera les paquets à dos d'hommes jusqu'aux bar-rières, et, s'il le faut, je porterai moi-même le premier paquet.

Puis il écrivit au gouvernement provisoire, — ignorant

encore si ce gouvernement provisoire avait été reconnu, s'il était installé, s'il fonctionnait :

« Citoyens gouvernants, le service de la poste pour les départements sera fait ce soir comme à l'ordinaire. »

A sept heures du soir, toutes les malles-postes brûlaient le pavé des routes, emportant avec elles les dépêches qui allaient annoncer à la France entière la glorieuse victoire du peuple et la constitution du gouvernement républicain.

Arthur DANGELIERS.

Imprimerie de J.-B. Alzine, rue des Trois-Journées, 1, à Perpignan.

www.ingramcontent.com/pod-product-compliance
Lightning Source LLC
Chambersburg PA
CBHW050751070726
47597CB00009B/4167